DE LAS PARTES QUE ME FALTAN

MARÍA LUZ MONTESINOS

Aliarediciones

Corrección: Eladia Guerrero
Diseño de cubierta: Mónica Morales
Maquetación: Aliar Ediciones
Ilustraciones y portada de: Julieta García

Depósito Legal: GR 1377-2025
ISBN: 979-13-87823-86-3

Impreso en España

Edita
ALIAR Ediciones
www.aliarediciones.es
info@aliarediciones.es

DE LAS PARTES QUE ME FALTAN

MARÍA LUZ MONTESINOS

Por todas las veces que callé
ahora escribo

I

NIÑA *RARA*

JUEGO DE NIÑOS

No puedes
jugar a indios y vaqueros
o apuntar a las libélulas
de la alberca
con un tirachinas
en verano
        (deberías, además,
        dejarte el pelo largo)

¡Mira tu colección de muñecas!
¿Por qué no juegas mejor
        a ser la niña perfecta?

NIÑA *RARA*

No era yo
la medida de nada
ni la más normal
ni la más estándar

    Era una niña *rara*

Y habría tanto que explicar
    (que no le interesa a nadie)
que he decidido
simplemente
ser

Respirar
    (aunque a veces se me olvide)
sin pretensiones

Y dejar
    para otro momento
        las explicaciones

MIS ALAS

Por extraño
que parezca
yo antes
podía volar

No había muchas
como yo
          (ya dije que era *rara*)
por eso me señalaban
y se reían de mi forma alada

Ahora
tengo una marca en la espalda
de mis alas
extirpadas
me las arranqué yo misma
en la locura de querer
que a mi paso
nadie volviese la vista

A veces pienso
que esta parte que me falta
          (este roto)
no es tan grave
y lo disimulo con un poema
o una sonrisa inventada

Pero ojalá algún día
volver a tener
mis alas...

POR QUERER ENCAJAR

Por querer
encajar
se dislocaron
mis huesos
y mi cabeza
se convirtió
en estratega
de mentiras
de supervivencia
me fui borrando
lentamente
para adoptar
una forma
silenciosa

(para no molestar)
(para que el otro brillase)

más pequeña

para que nadie dijera
que yo era
un error
de la naturaleza

NO TENÍA ELECCIÓN

No tenía elección
y tuve que mutilarme
todos decían:

Elige una parte

Y apenas luché
miré lo que podía ser
accesorio
(eso creía entonces)
o capricho
(como algunos señalaban)
o moda que pasa

Y elegí quitarme
el pulmón
en el que crecía
el nenúfar

Pensé que eso sería bastante
pero luego vinieron
a por medio corazón

Y desde entonces

tengo un solo
latido
de cada dos

RESPIRAR

Respirar
y vivir
simplemente

Se me olvida *respirar*
(a veces)
Y me río luego
de mí
(de mi torpeza)
(de mi despiste)
Respirar
no es difícil:
Inspirar/Espirar/Hasta el final
Ni siquiera hay que pensarlo
Y, sin embargo,

a veces
se me olvida
respirar

EN NINGÚN SITIO

En ningún sitio
        en el limbo

Demasiado H
Muy M
Te sobra L
Poco F

Pero tú no llores, niña
Haz un refugio
con tus letras
y susurra
tu canto
        de no pertenencia

QUIÉN PONE ORDEN

Quién pone orden
en lo que siento
          o nombre
si a veces es fuego de volcán
a veces metal frío
a veces sabor de sangre
en la boca

Quién dice
lo que está bien
lo que está mal
a quién le pido
permiso para vivir

          dónde firmo
               conmigo misma
                         la paz

TAMBIÉN FUE POR AMOR

Por fallo
del sistema
por capricho
de la naturaleza
por dar una nota
de blanco y negro
o de color
según se mire
sin razón
aparente
    pero con derecho
    a *respirar*
    (aunque se me olvide a veces)
o incluso
con evidentes
razones

Por todo eso
o por nada

    por pura
    locura

pero también
    fue por amor
        la fractura

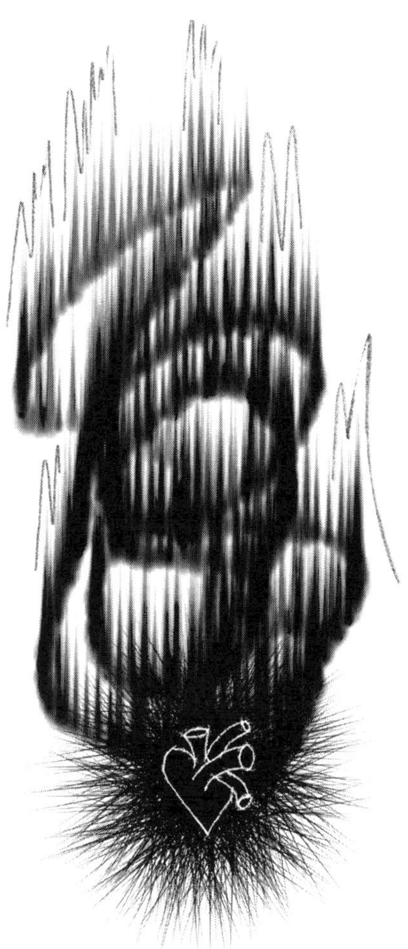

II

AMORES EN EL MARGEN

TE DIJE

Te dije:
Creo que no siento nada
cuando me besas

Bésame y hacemos la prueba

Y probamos

y estaba yo equivocada

EL MAR NO JUZGA

El mar
no juzga
no exige
lealtades
ni definiciones
acoge
nuestros
cuerpos
los celebra
con furia
o suave movimiento
cómplice
de los amores
en el margen
es un ribete
que ondula
alrededor
del deseo

El mar
es el único
que sabe
            guardar
                        el secreto

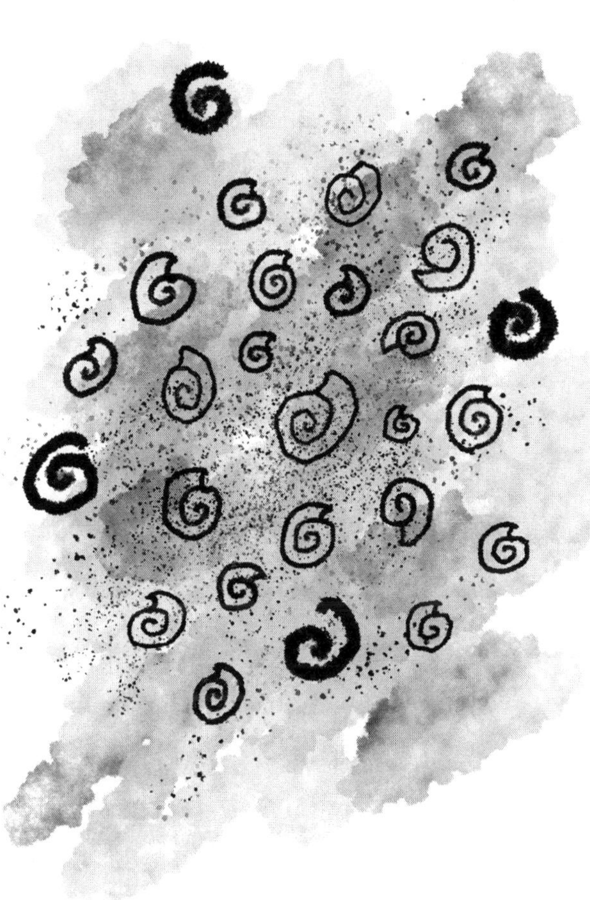

RECUERDO

Recuerdo
contar lunares
recuerdo
el ángulo muerto
de tu cuarto
la ventana que daba al patio
el escaparate
de aquella librería
en diciembre

el frío

tu mano
dentro de mi bolsillo

y el miedo

siempre el miedo

EL ÚLTIMO VIAJE

También recuerdo
tocar tu mano
por debajo de la mesa
en el último viaje

tan triste

Aquella ciudad espesa

imperfecta
despedida

Pero tú me llamaste

        y yo fui

SE ACABA

Se acaba
y no te das cuenta
o te das cuenta
pero haces como
que no

Lo niegas
sigues tirando
de la cuerda

Te das un respiro
lo intentas
          (otra vez)
Te dices
que ya no merece
la pena
que puede que ya no puedas
o no quieras
o que
la otra persona
ya no quiera
o no pueda
que tú crees
que quieres
o que incluso
puede que

la otra persona
quiera

Pero puede
ser también
que

    realmente
    no
    se pueda
    de ninguna
    de las maneras

Se acaba
    (a fin de cuentas)

Y esa es
    la verdad

PROHIBIDO AMAR EN ENERO

Nos dejamos llevar
sin remedio
inventamos
un mundo
propio
un universo
nos envolvimos
en verdades a medias

Así giramos…

Pero el miedo nos venció
        (o fue el cansancio)
y esta cárcel de deseo
de miradas de soslayo
por ser o no ser
por querer una cosa diferente
o por amarnos
o por simplemente existir
y existirnos mutuamente
y darnos sentido

Esta cárcel

        se quebró

Y, sin embargo,
no por ello soy libre
ni es libre mi verso tampoco
porque sigo midiendo palabras

y sigo teniendo miedo

y sigo estando cansada
y solo quizás al final

(cuando nada importe)

un día podré decir

que yo te amé

DE HABERLO SABIDO

Si hubiera sabido
que se pagaba
un precio tan alto
por asfixiar
el aura primera
con las propias manos
que daba igual
abrirse en canal
o seguir
callando
que el mundo
bailaría
a pesar de mí
que el sol seguiría
saliendo
por el mismo lado
que el invierno
volvería a helar
la tierra

De haberlo sabido

te habría querido mejor

no habría elegido
traicionar

lo que no puede
explicarse
para seguir adelante

De haberlo sabido
quizás la vida
no hubiera sido
          este desastre

AMORES EN LOS MÁRGENES

Amores en los márgenes
sí, algunos tengo
es lo que tiene
haber vivido
mucho tiempo
o ser yo
simplemente

Amores
en el margen de lo correcto
de lo esperable
de lo sensato
sí, alguno tuve
lo confieso

Algún amor que fue
una puta locura
tirarse de cabeza
para romperse
el alma

Para hacernos
el más grande de los daños

Y a pesar de todo
nadie podrá decir
que aquello

no fue amor

III

LA FRACTURA

CAMPANA DE GAUSS

El dedo que señala
el zumbido de las moscas
el corazón chico

Transparentarse
seguir extirpando
partes

Habitar
la campana de Gauss
a toda costa
y el sabor metálico
en la boca

Media vida
          perdida
                    cómo cierro yo
                              esta herida

A VER SI ME PERDONO

A ver
si me perdono
por el silencio
por las mentiras
por tanto destrozo
A ver
si no me castigo más
si me quiero mejor
        (de paso)
Si encajo
los bordes
disonantes
de este cuerpo
        Si encajo
        los bordes
        disonantes
        del fracaso

RECETA PARA VIVIR

Para vivir
hace falta
una dosis de olvido
dos medidas de autoengaño
y una punta
de esperanza

Mezclar bien

y dejar reposar
        el tiempo que haga falta

YA SE ME PASARÁ

Ya se me pasará, seguro
(solo tengo que esperar)
Vendrá algo
(no sé qué)
Y la bruma de cuchillas
también pasará

Volveré a sentir
mi cuerpo ligero
como antes
y le quitaré importancia
al dolor

Seguiré caminando
otro rato
porque he nacido
para visitar
terrenos
de texturas diferentes
aunque a veces
desee no ser yo
con todas mis ganas

Ya se me pasará
(lo escucho a menudo)
pero no sé por qué
no se me pasa

MORIR COMPLETA

A fuerza de negarme
ser
guardé
en una caja grande

        (tan grande)
        (que no sabía dónde esconderla)

medio corazón
un pulmón
un trozo de cerebro

por si algún día podía
coserlo todo de nuevo

porque quiero irme
como vine

        (no esta vida a medias)

Ya no me importa decirlo:
        Yo quiero
                morir completa

DE TODO ESO ESCRIBO

De los amores en el margen
de las partes que me faltan
de lo que me cuesta
abrir los ojos
cada mañana
de darme cuerda
a mí misma
para tocar
los platillos
como un viejo muñeco
de hojalata
de todo eso
escribo

De cosas inútiles

de lo que no sirve

para nada

HAY DÍAS

Hay días
que no me aguanto
días de rayas y puntos
días de contar cuadrados

Hay días de peces
en manteles
dibujados
de minutos suspendidos

Hay días
de techos blancos

Hay días
que me arrancaría
la cabeza
de cuajo

        Hay días de sal

                días metálicos

HABITANTE PLANETA TIERRA

Y, sin embargo,
una vida no vale nada
se gasta
sin remedio

        cuestión de tiempo

Ocho mil millones
de pompas de jabón
explotando
cada una
en su debido momento

Yo, como pompa
que lleva un tiempo
flotando en el aire
        (iridiscente)
        (a veces brillante)
        (a veces totalmente transparente)
me permito
de vez en cuando
pararme a observar
y así escribo lo que me nace
que por supuesto
no importa

porque hay
(como ya dije)
muchos millones
de pompas

ALGUIEN ME DIJO

Alguien me dijo
que todos mis poemas
son tristes

sin esperanza

Quizás es un poco cierto
porque
llevo
la oscuridad
por dentro
y cuando la luz
me inunda
no escribo
poesía

Sueño que vuelo
de nuevo

NO SÉ POR QUÉ

No sé por qué
me da por mirar atrás
ahora

Será la edad
o que ya han prescrito
todos los amores
del margen
todos los delitos
incluso
el roto
en la espalda
que me convirtió
en la persona
que soy

persona-Frankenstein

con el pecho
y el abdomen
cosidos
con el medio corazón
guardado en la caja grande
y el nenúfar que crecía
desafiando

los límites
de la catástrofe

Quizás es por eso, digo,
o porque
de tan *rara*
nadie supo
comprender
la diferencia

Será que la pompa
puede explotar
en cualquier momento
y yo quiero ser
la que yo era

una persona
completa

O será que a ratos
se me olvida el miedo
que no mido
consecuencias

Será que sé
que no estoy loca
será que no lo sé

será lo que sea, cualquier cosa

DE LAS PERSONAS QUE YA NO SOY

De las personas
que ya no soy
las enterradas
sin despedida
ni ceremonia
la niña con alas
la esposa perfecta
y la imperfecta
todas las personas
que me habitaban
de mentira
y de verdad
mezcladas

De eso
          también
                    escribo

CUÁNDO TE LO DIGO

Cuándo te lo digo
dime cómo, además
y de paso
dime también
por qué
tendría
que decirlo
si guardo
partes
en mi caja grande
o si yo
no soy yo
entera

Cuándo te lo digo
        dime
                de qué manera

EXAMEN

Escribe tu versión
en la línea punteada
completa
con tus palabras
lo que falta

> Explica
> Razona
> Justifica

Pon nombre
al hueco
hondo
que rellené
con fuegos artificiales
con maniobras
de distracción

> Conejos saliendo
> de elegantes
> chisteras
> o
> magia barata
> de aficionada

De cartas
escondidas
en el revés
de la manga

Escríbelo tú
que tanto sabes
de mí
que tanto sabes
de todo

y que esta vez
sin embargo
no comprendiste

nada

LA FRACTURA

No fue un ruido sordo
        como un trueno
        en la tormenta
No fue súbito
ni siquiera
me dio miedo
la fractura
fue un desgarro
a cámara lenta

        tanto que
        en principio
        casi nadie
        se dio cuenta

Pero a mi paso
iba dejando
un reguero
de estrellas desinfladas
y con urgencia

        (no por mí, por los otros)

quise reparar
la brecha
me fui poniendo

parches
me inventé
un escenario amable
para habitarlo

Y sí, es verdad que
a veces
se escapaban
gotas de sangre
pero podía
limitar la hemorragia
con mi lengua
así que abracé también
el sabor metálico
en la boca

Algunos me dijeron
que estaba loca
que no estaba permitido
vivir con la fractura
y entonces
            —sí—
sentí miedo
de que no me dejaran
vivir como yo era
fracturada

Intenté todo
para entrar
en la campana
parcheada
sangrando
con un solo pulmón
de cualquier forma

Pero mi empeño
no sirvió
para nada

Ahora
desde el destierro
de la gente *rara*
        defectuosa
        dividida en dos
        por la fractura
grito sin hacer ruido
me camuflo
repto
a veces me muestro
como soy

        (muchas veces)
        (me arrepiento)

y no espero nada

ni siquiera que los demás
entiendan
mis palabras

ABANICO DE COLORES

Con todos
los nombres
que me dieron
hice
un abanico
de colores
vivos
hice
un lugar
que fuera
mío
y cada tarde
me siento
a ver
el brillo
de las aristas
buscando
la paz
conmigo
misma

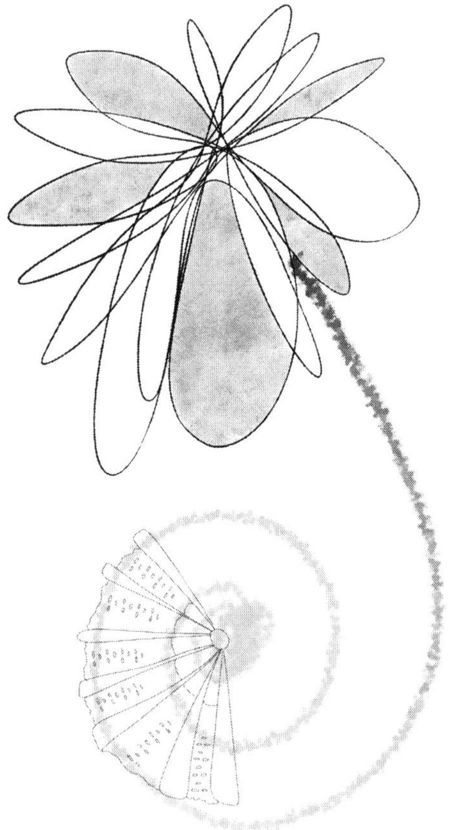

A FUERZA DE REMIENDOS

Al final
no está tan mal
el resultado
apenas
se notan
las costuras
incluso me dieron
un diploma
de adulta funcional
así que
en general
funciono

(a fuerza de remiendos)

Casi metida en
la campana de cristal
sonrío en mi foto
de señora sensata
miradme en mi orla
doctora-en-Limitar-El-Desastre

Sí, lo he conseguido

sola

He salido adelante

a pesar de todos
los que me robaron

partes

Índice

Este libro se terminó de editar en Granada
en septiembre de 2025 por

www.aliarediciones.es
info@aliarediciones.es